AF186772

TIEFE MOMENTE

POESIE - DORT, WO DIE SONNE DIE ERDE KÜSST

EVIENNA E. AIGNER

TIEFE MOMENTE

POESIE - DORT, WO DIE SONNE DIE ERDE KÜSST

EIN LYRISCHER SPAZIERGANG DURCH DIE
UNEBENHEITEN UND SCHÖNHEITEN DES LEBENS

BIBLIOGRAFISCHE INFORMATION DER DEUTSCHEN
NATIONALBIBLIOTHEK:
DIE DEUTSCHE NATIONALBIBLIOTHEK VERZEICHNET DIESE
PUBLIKATION IN DER DEUTSCHEN NATIONALBIBLIOGRAFIE;
DETAILLIERTE BIBLIOGRAFISCHE DATEN SIND IM INTERNET
ÜBER HTTP://DNB.D-NB.DE ABRUFBAR

© 2018 EVIENNA E. AIGNER
HERSTELLUNG UND VERLAG:
BOOKS ON DEMAND GMBH, NORDERSTEDT

ISBN: 9783748167006

INHALT

Trost

DAS FEUCHTE
BLÜTENBLATT
LANDET SACHTE
IN MEINE
ANGESPANNTE GEFÜHLSWELT

EINE ROSE IN
IHREM BRÜCHIGEN DASEIN
DUFTEND
VERSUCHT SIE MICH
ZU TRÖSTEN

ELEKTRISIERT
UND AUFGEWÜHLT
SCHMETTERN MICH
DIE UNGEDULDIGEN GEDANKEN
DURCH DEN BREI DER REIZBARKEIT

DAS
WEICHE ROSENBLATT
SAMMELT MIT
WOHLIGEM VERSTEHEN
MEIN AUGENWASSER

MIT SEINER
WARMEN LIEBESRÖTE
UND SEINEM DUFT DER WEISHEIT
ES MEINEM GEMÜT
BEFREIUNG SCHENKT

HASS - LIEBE

HASS

VERWANDELT

DEINE TRÄNE

IM HERZEN

ZU EINEM STEIN

DER AUS FRUST

TAUSEND WEITERE

STEINE ERZEUGT

LIEBE

VERWANDELT

DEINE TRÄNE

IM HERZEN

ZU EINEM KRISTALL

DER AUS EINEM MOMENT

VIELE BUNTE

FARBEN ERZEUGT

Gedankensprung

SENFFARBENES HAUS
IM GRAUSAMEN
ERBARMUNGSLOSEN GESTERN

NAGENDE SORGEN
LASTEN HOLZIG
IN MEINEM DENKBEREICH

SCHWANKEND LUSTWANDLE
ICH BERGAUF
KOSEND DER WIND

DAS HAAR ZERRAUFT
GESCHÄFTIGE WINDUNGEN
DER ERINNERUNGEN

DER SCHÖNE MORGEN
LÄSST TIEFROTE
KIRSCHEN SICHTEN

FEDERARTIG
MIR AUGENBLICKLICH
DIE LAST ENTSCHWINDET

TRINK MICH

DER GLANZ DES WASSERS

ERINNERTE MICH AN EINE

NOVELLE AM WASSERSPIEGEL

„TRINK MICH"

SAGTE DIE VERFÜHRUNG

UND SCHON WAR ICH BERAUSCHT

VOM HIMMELBLAU

UND DEREN TAUSENDEN

BLANKEN MÖGLICHKEITEN

EINBALSAMIERT

MIT STERNENGOLDENEM FLUID

KALT UND WARM ZUGLEICH

„SCHWEBE DU

KINDESEIGENER CHARAKTER"

FLÜSTERTE MIR DIE STIMME

DER BERAUSCHTHEIT ZU

HARTER BODEN

VERWANDELTE SICH

IN WARME SCHOKOLADE

UND DROHTE MIT

UNDEUTLICHER WIRKLICHKEIT

VERNUNFTBEGIERIG

WACKELND NACH HALT

DIE SPUREN DER GEFAHREN

EXPRESSIV WARNEND

UND VERKRAMPFT

DIE MORAL SICH WINDET

NEUE KLARHEIT WIEDER

EINEN STÜTZPUNKT FINDET

ERLÖSUNG

SEIN LÄCHELN

VERFÜHRTE MICH

WIE EINE FEDER AUF DER

NACKTEN HAUT

SEINE VERSPRECHEN

WAREN WIE EIN SAXOPHON

DAS VIBRIERTE UND LEBENDIG

ZU WERDEN SCHIEN

SEINE HANDLUNGEN

WAREN WIE SCHWERTER

DIE MIT IHREN SPITZEN

DAS BLUT VERSCHMIERTEN

SEIN WEGGEHEN

WAR WIE EIN TANZ

DER RHYTHMISCHEN EFFEKTE

IM RAUSCH DER ERLÖSUNG

Kritisch

UNGEWISS, STOTTERND

SIE ZAPPELN IN DER MENGE

VON UNRUHIGEN MENSCHEN

RINGEND NACH EINER LUFTBALLONÖFFNUNG

NACH DEM STERN DER GEWISSHEIT

HOLPRIGE BEWEGUNGEN

ZU VIELE SCHAUSPIELE AUF EINMAL

BLITZLICHTER DIE ERGLÜHEN

UND WIE EIN KARUSSELL

DIE DREHUNGEN DES WIRBELSTURMS

MARMORIEREN

ATEMLOSE BEWUSSTLOSIGKEIT

UMGARNT VON RAUHEN SEXAPPELLEN

VERSCHWOMMENE WEGWEISER

MORALISCH WABBELIGER PUDDING

SCHEINT DIE TANZFLÄCHE

DER VERWIRRTEN ZU SEIN

GESELLSCHAFTLICHE KAUGUMMIKONTAKTE

DIE BALD BITTERLICH

AUSGESPUCKT WERDEN

WO IST DER NÄHRBODEN

FÜR UNSERE WERTE

SCHMERZHAFT WIE

EIN VERKRAMPFTER MUSKEL

ERSTARREN DIE SO FEIN

GEWOBENEN TRÄUME

GIERIG NACH ERSATZ

DIE WURZELN ZERBRECHLICHER ALS GLAS

VERRAT AN

DER SCHÖPFERISCHEN EIGENART

ERZWINGEN DAS NÄCHSTE LACHKABINETT

ANGST

ICH HABE
ANGST
DEINE VISIONÄREN WORTE
NICHT MEHR ZU HÖREN

ANGST
NICHT MEHR IN DEINE
TIEFLEUCHTENDEN AUGEN
BLICKEN ZU DÜRFEN

ANGST
DEN SCHIMMER
DEINER ANWESENHEIT
NICHT MEHR ZU WISSEN

ANGST
DEINE SALBUNGSVOLLE
GEBORGENHEIT
NICHT MEHR ZU FÜHLEN

ANGST
NICHT MEHR DIE SELBEN
EINDRUCKSVOLLEN WEGE
ZU GEHEN

ICH HABE
ANGST
VOR DER
ANGST

MODERN

APATHISCHE STIMMUNGEN

IN DER STADT

EISKALTE BLICKE TREFFEN EINANDER

GESICHTSZÜGE VOLL VON

UNTERDRÜCKTEN GEFÜHLEN

DIE GEFAHR DES LEBENSEILTANZES

ERHÖHT DIE SPANNUNG

BLIND UND SINNESVERLOREN VOR WUT

WERDEN FREUNDE ZU FEINDEN

BLUTIGE UNRECHTE

VERSTECKTE HIEBE

IST DAS LEBEN EIN BOXKAMPF?

IST HASS MODERN?

OB MODERN ODER NICHT

ER, MITTEN IN DER STADT ERHEBT SICH

WIE EIN STOLZER ADLER

ZEIGT GRÖSSE ZUM GEDANKEN

ERHELLT BLICKE DURCH DAS LICHT

DES VERSTEHENS

AUCH WENN ER MUTIG

DURCH DEN SCHLAMM SICH WANDELT

ZÜNDERT ER GLEICHWOHL

KERZEN AM FRIEDENSBAUM

IST DAS NICHT MODERN?

WIDERSPRUCH

DER SÜSSE DUFT
EINER GELBEN ROSE

EIN FAHLER GERUCH
DES ÖDEN ALLTAGS

DER FREUNDLICHE DUFT
DER WOHLTUENDEN RUHE

EIN DURCHDRINGENDER GERUCH
DER BITTEREN ARMUT

DER BETÖRENDE DUFT
DER BLENDENDEN SCHÖNHEIT

EIN SCHARFER GERUCH
VON ROHER GEWALT

DAS LEBEN HAT DEN
BERAUSCHENDEN DUFT DES FLIEDERS

UND DEN BEISSENDEN GERUCH
EINES WIDERSPRUCHS

WALD

STILLE

IM WALD

LEUCHTEN

DIE STRAHLEN

VON OBEN HERAB

VERGOLDET

DER WALD

VOM ZAUBER

DER SONNE

SPIELEND INS GRÜNE

Leben

WER ERLAUBT SICH

EINES MENSCHEN LEBEN

ZU BESTIMMEN

WER HAT DAS RECHT

SEINES NÄCHSTEN

GLANZ ZU NEHMEN

WER KANN RICHTEN

AUSSER JEDER

FÜR SICH SELBST

WER DARF DIE KRAFT

DES LEBENS

ZERSTÖREN

NIEMAND

ANPASSEN

HURRA
ICH KANN MICH
ANPASSEN

ER SPRÜHT GIFT
ICH PASSE MICH AN

ER STIEHLT UND LÜGT
WIE STOLZ ICH BIN
WEIL ICH MICH
ANPASSEN KANN

DIE LÖHNE GEHEN
RUNTER
DIE PREISE STEIGEN
ICH PASSE MICH AN

SIE FÜHREN KRIEG
GOTT SEI DANK
ICH KANN MICH
ANPASSEN

ER ERSCHIESST MICH
WAS NUN

ANGEPASST

Gift

MIT WIDERHAKEN

FRISST SIE SICH IN MEINE WELT

STREUT GIFT

UM MEINE FANTASIE

WIE EINE KOBRA

STOPPT SIE DEN FLUSS DES LEBENS

SPITZE BEMERKUNGEN

VERSPRÜHT SIE VERSTECKT

WIE EIN BLUTEGEL

SITZT SIE FEST

AN MEINEM ORT UND KONTROLLIERT

IHR GUT DURCHDACHTES SPIEL

AUFGEDECKT SIND

IHRE HINTERHÄLTIGEN ABSICHTEN

HABGIER UND NEID

BEHERRSCHEN IHR GEFÜHL

FAST MITLEID KÖNNT MAN KRIEGEN

VERSUCHT ZU HELFEN

DOCH WIE HILFT MAN

EINER GIFTIGEN SPINNE

GESPRÄCHE

SO FURCHTBAR

KÖNNEN

TRENNUNGEN SEIN

SO SCHMERZHAFT

KÖNNEN

ENTFERNUNGEN SEIN

SO STECHEND

KÖNNEN

ABSCHIEDE SEIN

SO HOFFNUNGSVOLL

KÖNNEN

EINDRÜCKE SEIN

SO BEFREIEND

KÖNNEN

GESPRÄCHE SEIN

Fragen

DIE FRAGEN
DIE DICH BESCHÄFTIGEN

DIE LEISEN ERINNERUNGEN
DER VERGANGENHEIT
DIE DICH NICHT LOSLASSEN WOLLEN

DIE UNSICHERHEIT
ÜBER UNS SELBST HÄLT UNS IN BANN

DAS GEFÜHL BESITZT UNS
UND ZURÜCK ZUM URSPRUNG
FEHLT UNS DER WEG

KÖNNTE ES SEIN
DASS DER WEG IN UNS LIEGT

Vertieft

POETISCH VERTIEFT

IN IHREN TRAUM

BRINGT SIE DINGE

IN DEN RAUM

DIE ZU VERGLEICHEN

SIND

MIT EINEM WIND

DER TOBT UND

WEITER ZIEHT

EINE FURCHE

HINTERLÄSST

DIE SO GEZEICHNET

EINEN

ZUM NACHDENKEN

BRINGT

Freiheit

ICH HÖRE

DAS RAUSCHEN DER WELLEN

DIE MACHT DES MEERES

STRÖMT AUF MICH ZU

DER WIND SINGT

DIE SYNPHONIE DER WEITE

MEINE SEHNSUCHT

NIMMT ALLMÄHLICH ZU

DAS RAUSCHEN DER WELLEN

SPRICHT ZU MIR

DIE MACHT DES MEERES

BRINGT MICH ZU DIR

DER WIND HAUCHT

DAS LIED DER FREIHEIT

MEIN SEHNSUCHT

SICH WANDELT IN SEINHEIT

LICHT

ICH ZÜNDE
EINE KERZE AN

HELLIGKEIT
VERBREITET SICH

EIN HAUCH
VON WÄRME

EIN ANFLUG
VON ERWARTUNG

EIN SCHATTEN
VON DIR

EINE ZEIT
DER HERAUSFORDERUNG

EINE NACHT
DES VERTRAUENS

DIE KERZE
DARF NIEMALS VERLÖSCHEN

MÖWEN

MÖWEN

SILBERWEISS

FLIEGEN IN

DIE MARMORKÜHLE

VERKÜNDER DER

NÄCHSTEN EPOCHE

SINNLICHE DÜFTE

FLAMMENDES

KERZENLICHT

ONLINE MIT DIR

HOFFNUNGEN GLITZERN

TIEFES BLAU

DER EWIGKEIT

MÖWEN

SILBERWEISS

DEUTEN UNSERE

ZEITLOS BLEIBENDE

INNERE

VERBUNDENHEIT

KRAFT

IN DIR

RUHT DIE RUHE

EINES BACHES

DER SANFT FLIESST

BIS ZU EINEM PUNKT

WO DIE RUHE

SICH VERWANDELT

UND SICHTBAR WIRD

DIE KRAFT DER NATUR

DEM WASSERFALL

FOLGT

DIE HARMONIE

STÄRKE

DER WIND WEHT
LEISE RAUSCHEN DIE
BLÄTTER

SIE SINGEN
DAS LIED
DER TRAURIGKEIT

DER WIND WIRD STÄRKER
DAS LIED
WIRD ZU EINEM GEHEULE

ES STÜRMT
VIELE BLÄTTER
FALLEN ZU BODEN

DER STURM LÄSST NACH
EINIGE BLÄTTER
SIND NOCH DA

DER WIND WEHT
LEISE RAUSCHEN DIE
BLÄTTER

SIE SINGEN DAS LIED
DER STÄRKE

AN DIE FREUDE

DU BIST FÜR MICH
DIE LUFT ZUM ATMEN

DU BIST DER WIND
DER MEINE GEDANKEN STREIFT

DU BIST DER SONNENSTRAHL
DER DAS WASSER KÜSST

DU BIST DAS LICHT
IN MEINEN AUGEN

DU ERHELLST DIE DUNKLE NACHT
UND VERZAUBERST DIE STERNE

DEINE SCHÖNHEIT GLEICHT
EINEM WEISSEN SCHMETTERLING

UND IST DER DRANG NOCH SO GROSS
DICH FESTZUHALTEN

LASSE ICH DENNOCH DAVON AB
DENN DEIN GEBROCHENER FLÜGEL

WÜRDE
DEINE FREIHEIT ZERSTÖREN

Herrlicher Tag

ES WAR EIN HERRLICHER TAG

DAS HERZ AM

RECHTEN PLATZE LAG

DER HIMMEL

EINEN OZEAN BILDETE

IN DEM SICH

UNSERE FREUDE SPIEGELTE

WO SICH DIE WELT

ZUM PARADIES VERWANDELTE

DIE SEINHEIT DER DINGE

SICH ZEICHNETE

WAR ICH VERSPIELT

WIE EIN KIND

DAS DORT LEBT

WO DIE STERNE SIND

ES WAR EINE

WUNDERBARE ZEIT

UND DIE ZUKUNFT IST NICHT WEIT

WENN WIR EINANDER WIEDER

DIE HÄNDE REICHEN

UND DIE SCHIENEN SICH

ZUM GLÜCKE WEICHEN

Schmetterling

WIE EIN
ZARTER SCHMETTERLING
MÖCHTE ICH FLIEGEN
ÜBERALL HIN

ÜBER STEILE BERGE
UND WILDE SEEN
UND TANZEN DORT
DEN SCHMETTERLINGSWALZER

EINGELADEN
JEDER DER SICH FREUT
GIB MIR DIE HAND
WIR FLIEGEN

SEHNSUCHT

MEINE LIEBE
HAT SEHNSUCHT
NACH FESTER
GEBORGENHEIT

ZWEIER
SEELENSTARKER
ZUKUNFT

MEINE LIEBE
HAT SEHNSUCHT
NACH HIMMELSBLAU
VOLLER LICHTER

ERINNERUNG

DAS BLAU IN DEINEN AUGEN

DAS GOLD IN DEINEM AUSDRUCK

DAS FLIMMERN IN DEINEM SEIN

ALL DAS

ERINNERT MICH AN DICH

DER SCHMERZ DEN DU VERSPÜRST

DAS WISSEN DAS DU VERBEISST

DIE LIEBE DIE DU BESITZT

ALL DAS

ERINNERT MICH AN DICH

DIE ANMUT IN DEINEM WESEN

DER LIEBREIZ IN DEINEM GEHABE

DIE VIELFALT DEINER GEDANKEN

ALL DAS

ERINNERT MICH AN DICH

BLUME

ICH SCHENKE DIR
EINE BLUME
VON MIR

UMHÜLLT
VON FEINHEIT
UND ZÄRTLICHKEIT

VOLL VON
KRAFT UND ENERGIE
DIE FARBEN LEUCHTEN
WIE NOCH NIE

SIE STRAHLEN
WIE DIE SONNE IM WASSER
GOLD - GELB - RÖTLICH
EINE SPUR BLASSER

IHRE WUNDERBARE WEICHHEIT
ZERFLIESST IN DEN WELLEN
DER GLEICHHEIT

DOCH HAT SIE SO VIEL LIEBE
DIE ICH DIR SCHENKE
IN VOLLEM TRIEBE

Wo Die Sonne Die Erde Küsst

DORT

WO DIE SONNE DIE ERDE KÜSST

WO SILBERHELLE MÖWEN KREISEN

WO DER WIND

EINE SINFONIE DES FRIEDENS SINGT

DORT

WO DIE FÄDEN DER FREUNDSCHAFT

EINEN KREIS DER TREUE BILDEN

WO DIE SCHÖNSTEN FARBEN

DAS LICHT DER FREUDE ZEICHNEN

WO DER HÄNDEDRUCK

DAS HERZ BIS INS TIEFSTE WÄRMT

DORT

WO DIE PRACHTVOLLEN SCHÖPFUNGEN

POETISCHE SPUREN HINTERLASSEN

WO DIE EWIGKEIT MIT ZARTER SEIDE

DAS DASEIN PRÄGT

WO ÜBERFLUSS DES SCHÖNEN

FESTIGKEIT IN LEICHTIGKEIT VERWANDELT

DORT

WO DIE SONNE DIE ERDE KÜSST

DORT

KÜSST DIE MUSE DEN MENSCHEN

FRIEDE

WEISST DU NICHT
WAS FRIEDE IST

DANN HORCHE
DIE MELODIE
DES VOGELGESANGES

BEACHTE
DEN WIND DER
DURCH DIE BÄUME PFEIFT

SCHAUE
AUF DIE KINDER
DIE BEGEISTERT SPIELEN

FÜHLE
WIE DIE LIEBENDEN
SICH KÜSSEN

GIB
DEIN LEBEN
FÜR DIE HARMONIE

DANN WEISST DU
WAS FRIEDE IST

ATMEN

ICH SITZE
DA
FÜR MICH

MUSIK
IM HINTERGRUND
FÜR MICH

EIN VOGEL ZWITSCHERT
EIN LIEDCHEN
FÜR MICH

DIE AUSSICHT
EINE RUHE
FÜR MICH

WAHRNEHMEN
IST LEBEN
FÜR MICH

Pflanze

WAR ICH ES

DIE AUF

EINE PFLANZE TRAT

UND IHR

DEN ATEM NAHM

ICH HABE

SIE GEGOSSEN

UND IHR

VIEL LIEBE

DAGELASSEN

WAR ICH ES

DIE MIT DER PFLANZE

SPRACH UND

IHR EIN

NEUES LEBEN GAB

Würze Des Lebens

ERLEBE

DEN SAMTIGEN

AUSDRUCK

DER ZIERLICHEN ROSE

BENETZTE

FARBIGE BLÄTTER

GESPEICHERTE SONNE

BALSAMISCHER DUFT

ANZIEHUNG

DIE VERZAUBERT

SENSIBEL

DER KEIM DER ÄSTHETIK

DANK

DEN AUGENBLICKEN

WO WIR SOLCH WUNDER

VERSPÜREN

STILLE

STILLE

IM

WALD

LEUCHTEN

DIE STRAHLEN

VON

OBEN HERAB

VERGOLDET

DER WALD

VOM ZAUBER

DER SONNE

SPIELEND

INS

GRÜNE

Reinheit

EIN TROPFEN WASSER
MÖCHTE ICH SEIN

ICH WÜRDE
DAS RAUSCHEN DER MEERE
VERZAUBERN

ICH WÜRDE
ALS TRÄNE, DIE TRAURIGKEIT
VERFLIESSEN LASSEN

ICH WÜRDE
ALS DUSCHBAD, ALLES VERGNÜGEN
VERSPIELT VERSPRITZEN

ICH WÜRDE
ALS GETRÄNK, DEN GENUSS
MIT FREUDE VERSTÄRKEN

VOR ALLEM WÜRDE ICH
DIE QUALITÄT
DER KRAFT UND REINHEIT

NICHT VON UNACHTSAMKEIT
VERLETZEN LASSEN

GLANZ

IM GLANZ

DER HOFFNUNG

SCHWEBE ICH

NACH OBEN

LASSE DIE VIOLINE

MEINES HERZEN

DAS WERKZEUG

MEINER FREUDE SEIN

Morgenrot

MORGENROT
BEDECKT
DAS LAND

POETISCH
STREICHT
DIE KÜHLE LUFT

BLUMEN
UMSCHWÄRMT
VON SCHMETTERLINGEN

DICHTERISCH
DIE SONNE
SICH LEGT

DIE
WEISSE LILIE
SICH REGT

ABENDROT
BEDECKT
DAS LAND

Augenblick

NIMM
DEN AUGENBLICK

SANFT
IN DEIN HERZ

SCHMÜCKE IHN
MIT ZUWENDUNG

UND LASSE IHN
WIEDER LOS

DER NÄCHSTE AUGENBLICK
WARTET SCHON

LEBENSQUELL WASSER

DAS ELEMENT WASSER

SICH VERZAUBERT IN DAMPF

VERWANDELT IN EIS

BEI SCHMERZ STETS DABEI

KÜHLEND UND WÄRMEND WIRKEND

MIT SEINER HEILKRAFT DER KLARHEIT

DÜRSTLÖSCHEND, SCHMUTZENTFERNEND

PRICKELND AM GANZEN KÖRPER

EMPFINDUNGEN

VERSCHIEDENSTER ART GEBEND

EIN ELEMENT VIELER SINNBILDER

DIE PRACHTVOLLSTEN SCHÖPFUNGEN

DER KÜNSTE ENTFALTEND

KRAFTÜBERTRAGEND AUF DAS LEBEN

DIE BOTSCHAFT TRAGEND

DIE SEELE DES MENSCHEN

WIEDERZUSPIEGELN

WASSER, GEIST DER NATUR

MENSCHENÄHNLICH VERHÄLT ES SICH

UNACHTSAMKEIT

SEIN BEWUSSTSEIN TRÜBT

VERUNREINIGT

ES DIE KRÄFTE DES ZAUBERS VERLIERT

FREI VON NEGATIVEN IMPULSEN

UNS VERSPIELT

SCHÖPFERISCHE FORMEN SCHENKT

LÄSST SONNENUNTERGÄNGE

VERTRÄUMT ERLEBEN

BRINGT ÜBERFLUSS VON SCHÖNEM

SCHMÜCKT DEN HORIZONT SO HELL

UNERSCHÜTTERLICH

DURCH FEHLERHAFTEN UMGANG

ES SICH RÄCHT

IN EINER ART DER BETRÜBTHEIT

SEIN SPIEGELBILD AUSSER GRAUSAMKEIT

UNS NICHTS MEHR ZEIGT

WOLKEN

SCHWEBEND

IN DEN WOLKEN

BEWUNDERND

DIE TAUSEND FARBEN

DIE DER HIMMEL

MIR SCHENKT

LIEGEND

IN DEN WOLKEN

TRÄUMEND MIR DIR

FUNKELN

TAUSEND STERNE

DIE, DIE NACHT ERHELLEN

INSPIRATION

WASSER

SPIELEND ÜBER BUNTE STEINE

DER UNEBENHEIT DES GRUNDES

WIE EINE KLAVIERSONATE

DIE MUSIK DES BACHES

MIT GOLDENEM KLANG

ERKLINGEN LASSEN

MEERE MIT

EIFRIGEN GERÄUSCHEN

LEIDENSCHAFTLICH

KRAFTVOLL WIE DER WASSERFALL

ABENTEUER IM NASSEN

DICH VOLLER

ENERGIE FÜHLEN LASSEN

STERNE WIE

GRAZIÖSE TÄNZERINNEN

DER MOND IM SPIEGEL DER NACHT

AUF DER WASSEROBERFLÄCHE

FÜR UNGEZÄHLTE GEFÜHLE

HÜBSCHE SZENEN BILDEN LASSEN

RHYTMISCH

DAS GERÄUSCH DER WELLEN

ENTZÜCKT, UNENDLICHE

SUMMEN DER FANTASIE

GROSSER WASSERGEHEIMNISSE

UNS FRIEDLICH VERTRÄUMT

HIN UND HER

SCHWINGEN LASSEN

URLAUB

DER DUFT DES OLEANDERS

ERMUTIGT DIE RUHE

MALERISCHE LANDSCHAFT

UMKREIST

DAS SALZIG BLAUE MEER

DIE SONNE

MEINEN KÖRPER KÜSST

HARMONISCHES SEIN

MIT KULTURELLEN

BERÜHRUNGEN

LOSGELASSEN

WIE EINE

WELTENTRÜCKTE MÖWE

ZULASSEN

DIE LYRIK DES FRIEDENS

ERGREIFEN

DER IDYLLE

EINPFLANZEND

IN MEINE WELT

UM DIE SEELE ZU PFLEGEN

ZUKUNFT

LIEGEND ICH
DEN MOND BETRACHTE
DENKEND AN
STERNENVOLLE ZUKUNFT

DIE GÄNSEHAUT
SICH BEMERKBAR MACHT
WENN ICH ZU DEN
DUNKLEN WOLKEN BLICKE

DOCH ZIEHEN SIE WEITER
MEIN HERZ
IST WIEDER WOHLGEMUT
OFFEN FÜR BERÜHRUNGEN

FREI FÜR LOHNENDE CHANCEN
FROH ZU GEBEN
LIEGEND ICH
DIE MACHT DER VORSTELLUNG SPÜRE

Lilahauch

WINZIG KLEINE BLÜTENBLÄTTER
VERSTREUEN SICH ELFENHAFT

ROSA LILAHAUCH DURCHZIEHT
DAS GRÜNE FEUCHTE GRAS
GRASHALME SPIELEN DIE FLÖTEN
FÜR DEN VERGNÜGTEN FRÜHLINGSWIND

GÄNSEBLÜMCHEN LIEBEVOLL
AKZENTE SETZEND

EINE OUVERTÜRE DES VOGELGESANGES
ERÖFFNET DIE GOLDENE PHANTASIE
UNENDLICHER VIOLETTER SCHIMMER
HAUCHT ÜBER DEN FLIEDER

DAS SONNENLICHT
DEN ERDBODEN STREIFT

MEIN KÖRPER
WÄRMT SICH ANGENEHM AUF
IN MIR WIEGEN SICH
DIE EINDRÜCKE DER GEGENWART

EINE OASE DER STILLE
GIBT ES NICHT

ABER EINE ZEIT
DER LIEBREIZENDEN STRÖMUNGEN

Lächeln

EIN LÄCHELN

EINE VERLOCKUNG

BEZAUBERT ZU SEIN

MITEINANDER

BEFLÜGELT

ZU SEIN

WENN

MANCHES UNS

SO OFT MISSFÄLLT

EIN FREUNDLICHES

LÄCHELN

ES DOCH ERHELLT

LÄCHELN

DER GRUSS

OHNE LAUTE

LENKT UNS FORT

ZU MANCH

VERTRÄGLICHEN ORT

EIN LÄCHELN

DER STOFF AUS DER

APARTEN SCHÖPFUNG

EIN JUNGBRUNNEN

DER FREUNDLICHEN

ENTSPANNUNG

Einsam

EINSAM SITZE ICH DA
UND DENKE AN DICH
WIE WUNDERBAR

DER GEDANKE
DASS DU DENKST AN MICH
WECKT MEINE SEHNSUCHT

ICH LIEBE DICH

ICH KÜSSE DEINE AUGEN
UMARME DICH IM GEISTE
UND HOFFE AUF MORGEN

EINSAM SASS ICH DA
JETZT BIST DU BEI MIR
WIE WUNDERBAR

Eine Andere Welt

SITZEND IN EINEM BOOT

BRINGT MICH

EIN SANFTER WIND

ÜBER DEN FLUSS DES LEBENS

IN EINE ANDERE WELT

DIE WELT

DER SPIELE UND DER LIEBE

FREI FÜR JEGLICHES ERSCHAFFEN

UND FREI VON LAST

EINE WELT VON BEWEGUNG

DEREN ARTEN BESCHWINGT

DURCH RÄUME ZIEHEN

UND DAS DUNKLE UMWANDELN

IN EIN FEUERWERK VON IDEEN

STRAHLEN WIE DIAMANTEN

EINE WELT IN DER MICH

EMPFINDUNGEN DURCHSTRÖMEN

MIT VOLLER MACHT

SO, DASS DIE WAHRNEHMUNGEN

MICH BEWEGEN

UND MIR DAS BEWUSSTSEIN GEBEN

DIESE WELT

DER LIEBE UND SPIELE

IST MIR VERTRAUTER

ALS JE ZUVOR

Recht

DEIN

RECHT

IST

RECHT

ZU HABEN

RECHT

ZU HABEN

IST

DAS

RECHT

ANDEREN

RECHT

ZU GEBEN

LIEBE

LIEBE

ZIERT DAS LEBEN

LIEBE

BRINGT SONNENSCHEIN

LIEBE

MACHT SCHÖN

LIEBE

WECKT AUF

LIEBE

MACHT FANTASIEVOLL

ABER WAS IST LIEBE

LIEBE

IST DIE ENTSCHEIDUNG

ES ZU MÖGEN

ES IST

DER KLEINE FUNKE

IM HERZEN

DER

DAS TOR ZUM LEBEN

ÖFFNET

Traum

MEIN TRAUM

DIE DIMENSION

IN IHREM EIGENEN RAUM

ES IST SO KLAR

UND UNWAHRSCHEINLICH WAHR

DER TEICH

IN SEINEM SONNIGEN REICH

VOLL VON GOLDENEN STERNCHEN

BESUNGEN VON LERCHEN

WIEDERSPIEGELT SICH DER HIMMEL

UND NEBEN DER PRIMEL

SITZE ICH MIT DIR

UND SPIELE KLAVIER

DIE SÜSSEN TÖNE

FÜLLEN DEN RAUM SO SCHÖNE

SIE GEBEN DER GLÜCKLICHKEIT

DIE WIRKLICHKEIT

Alice

MIT DEINEN

GROSSEN AUGEN

BLICKST DU IN DIE WELT

TIGERHAFT BEGREIFST DU SCHNELL

SCHÜTZEND HALTE ICH

DICH FEST UND

WÜNSCHE DIR

DASS GOTT DICH EWIG LIEBT

LIEGEND IM ARM

AN MEINER BRUST

SICH MEINE BEWUNDERUNG

UM DICH NETZT

WENN AUCH OFT FEHLT

DIE NÖTIGE GEDULD

SO GEHÖRT DENNOCH DIR

DIE GROSSE WELT

DU BIST STARK WEIL DU

VERSTANDEN DEINE WUNDERWELT

MIT DER DU DIR ÖFFNEST

ALLE HERZEN DIESER WELT

EWIGKEIT

ALLE WÖRTER
DIESER WELT
SIND VIEL
ZU KLEIN

ALS, DASS ICH
SIE DIR SAGE

ES BIST
DU UND ICH
UND
UNSERE EWIGKEIT

DIE UNS
TRÄUMEN LÄSST

Unendlichkeit

FEIN

WIE EIN MAIGLÖCKCHENDUFT

ZART

WIE SEIDE

BUNT

WIE EIN FARBKASTEN

KLAR

WIE EIN KRISTALL

FRISCH

WIE DER TAU AUF DER BLUME

RUHIG

UND BEWEGT WIE WASSER

BIST

DU FÜR MICH

SCHÖPFER DER WELT

DER GOTT

DER UNS UNENDLICHKEIT

VERLEIHT

UND ES UNS SPÜREN LÄSST